¡ABRE LOS OJOS Y APRENDE!

Lugares Conocidos

BLACKBIRCH®
PRESS

San Diego • Detroit • New York • San Francisco • Cleveland
New Haven, Conn. • Waterville, Maine • London • Munich

For more information, contact
The Gale Group, Inc.
27500 Drake Rd.
Farmington Hills, MI 48331-3535
Or you can visit our Internet site at http://www.gale.com

LIBRARY OF CONGRESS CATALOGING-IN-PUBLICATION DATA
Nathan, Emma.
  [Landmarks. Spanish]
  Lugares Conocidos / by Emma Nathan.
     p. cm. — (Eyeopeners series)
Summary: Introduces natural and man-made landmarks from different parts of the
world, including the pyramids of Egypt and Ayers Rock in Australia.
Includes bibliographical references and index.
  ISBN 1-41030-026-9 (hardback : alk. paper)
1. Historic buildings—Juvenile literature. 2. Historic sites—Juvenile literature. 3.
Monuments—Juvenile literature. 4. History—Miscellanea—Juvenile literature. 5. World
history—Juvenile literature. [1. Historic buildings. 2. Historic sites. 3. Monuments. 4.
History—Miscellanea.] I. Title. II. Series: Nathan, Emma. Eyeopeners series. Spanish.

D21.3 .N377 2003
909—dc21

Printed in United States
10 9 8 7 6 5 4 3 2 1

CONTENIDO

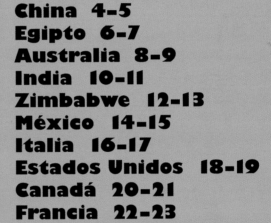

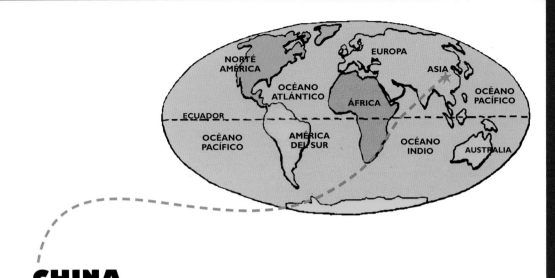

CHINA

China está en el continente asiático.

La Gran Muralla China se construyó hace más de 1,300 años.

Se construyó para que no pudieran entrar a China sus enemigos.

La Gran Muralla mide más de 4,000 millas de longitud.

La Gran Muralla es tan grande que los astronautas pueden verla desde el espacio.

◀ **La Gran Muralla China**

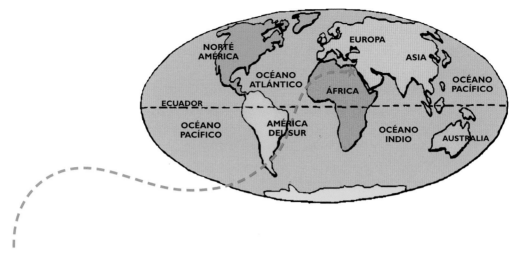

EGIPTO

Egipto está en el continente africano.

Ha habido pueblos en Egipto desde hace miles de años.

Los antiguos egipcios construyeron grandes pirámides de piedra.

La pirámide más grande de Egipto es la Gran Pirámide de Giza.

La Gran Pirámide mide 454 pies de altura.

◀ **Las pirámides de Giza**

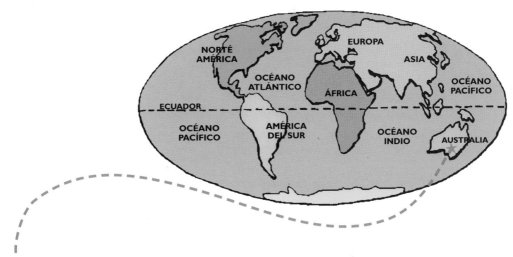

NORTE AMÉRICA

EUROPA

ASIA

OCÉANO ATLÁNTICO

ÁFRICA

OCÉANO PACÍFICO

ECUADOR

OCÉANO PACÍFICO

AMÉRICA DEL SUR

OCÉANO INDIO

AUSTRALIA

AUSTRALIA

Australia es un continente por sí sola.

El más famoso sitio natural de Australia es Ayers Rock (la Roca Ayers).

Ayers Rock es una gigantesca roca roja que se asienta en medio de una gran llanura plana.

Ayers Rock es la roca más grande del mundo.

Mide más de 2 millas de largo y 1.5 millas de ancho. Su altura es de más de 1,000 pies.

◀ **La Roca Ayers**

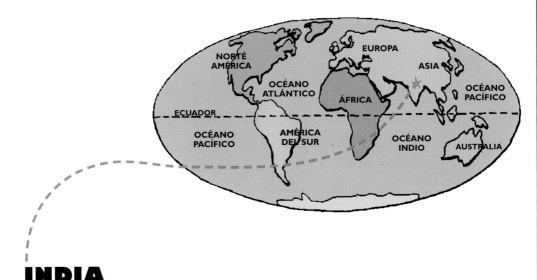

INDIA

India está en el continente asiático.

El sitio más famoso de la India es el Taj Mahal.

El Taj Mahal es un enorme edificio hecho de mármol blanco.

Los obreros tardaron 22 años en construir el Taj Mahal.

Un rey de la India mandó construir el Taj Mahal como lugar especial para enterrar a su esposa.

◄ **El Taj Mahal**

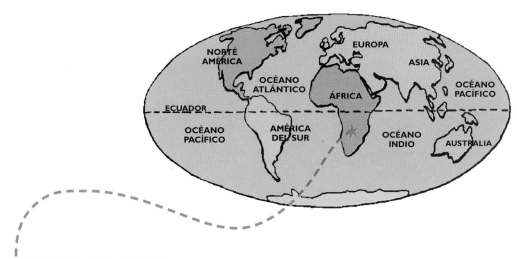

ZIMBABWE

Zimbabwe está en el continente africano.

Zimbabwe está en el sur de Africa.

La Catarata Victoria es una cascada famosa en la frontera norte de Zimbabwe.

La Catarata Victoria tiene una altura de más de 350 pies.

La longitud de la catarata es de más de una milla.

◀ **La catarata Victoria**

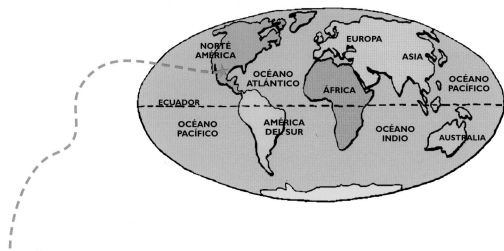

MÉXICO

México está en el continente norteamericano.

Pueblos antiguos de México construyeron grandes templos de piedra.

Los aztecas eran un pueblo antiguo que construyó templos de piedra con aspecto de pirámides.

Los Aztecas construyeron su templo más famoso en el año 1375.

Creían que su templo estaba en el centro del universo.

◀ **Una pirámide Azteca**

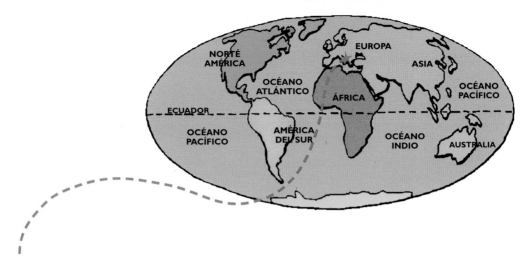

ITALIA

Italia está en el continente europeo.

Hace 2,000 años, Italia tenía el imperio más grande del mundo.

El centro del imperio era la ciudad de Roma.

Los romanos construyeron un inmenso coliseo en Roma, como campo de entretenimiento.

El coliseo tenía 80 entradas y podía alojar 50,000 personas.

◀ **El Coliseo en Roma**

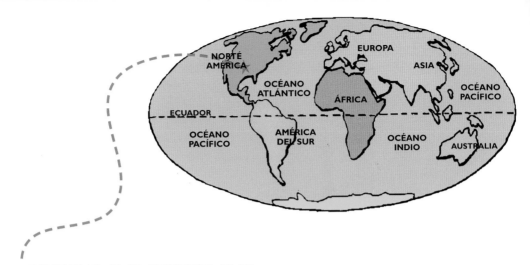

ESTADOS UNIDOS

Estados Unidos está en el continente norteamericano.

Uno de los símbolos más famosos de la libertad estadounidense es la Estatua de la Libertad.

La Estatua de la Libertad se levanta en la bahía de Nueva York.

La estatua mide 151 pies de altura.

Francia donó a Estados Unidos la Estatua de la Libertad en 1886.

◀ La Estatua de la Libertad

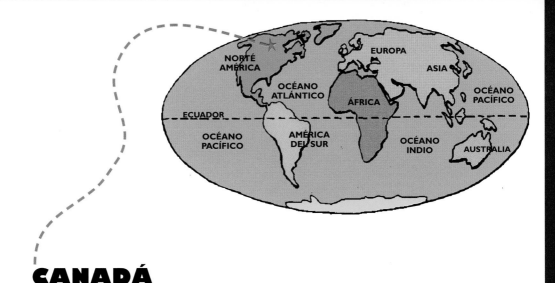

CANADÁ

Canadá es parte del continente norteamericano.

Una de las ciudades más grandes de Canadá es Toronto.

El sitio más notable de Toronto es la Torre CN.

La Torre CN es la torre más alta del mundo.

Esta torre mide 1,815 pies de altura.

Es posible subir en un ascensor hasta la cima de la torre y alcanzar a ver a millas de distancia en todas direcciones.

◀ La Torre CN

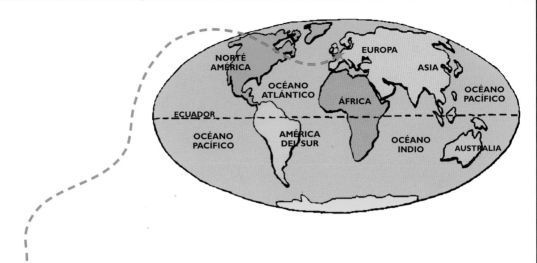

FRANCIA

Francia está en el continente europeo.

El sitio más famoso de Francia es la Torre Eiffel.

La Torre Eiffel está en París, ciudad capital de Francia.

El señor que diseñó la torre había trabajado también en la Estatua de la Libertad.

Los visitantes tienen que subir 1,665 escalones para llegar a la cima de la Torre Eiffel.

◀ **La Torre Eiffel**

ÍNDICE

PARA MÁS INFORMACIÓN

Direcciones en la red

La página de Ayers Rock
http://www.crystalinks.com/ayersrock.html

El Coliseo
http://www.eliki.com/ancient/civilizations/roman/

La Gran Muralla de China
http://www.discovery.com/stories/history/greatwall/greatwall.
html

La página oficial de la Torre CN
http://www.cntower.ca/

La página oficial de la Torre Eiffel
http://www.tour-eiffel.fr/teiffel/uk/

La página oficial de la Estatua de la libertad
http://www.nps.gov/stli/

La página del Parque Nacional de la Catarata Victoria
http://www.wcmc.org.uk/protected_areas/data/wh/victoria.
html

Libros

Cooper, Jason. *American Landmarks: Discovery Library.*
Vero Beach, FL: Rourke Publishing Group, 1999.

Deady, Kathleen. *The Statue of Liberty.* Mankato, MN:
Bridgestone Books, 2002.

National Landmarks. Mankato, MN: Bridgestone Books,
2002.